함석지붕집 똥개

리토피아포에지 · 128
함석지붕집 똥개

인쇄 2022. 1. 5 발행 2022. 1. 10
지은이 장종권
펴낸이 정기옥
펴낸곳 리토피아
출판등록 2006. 6. 15. 제2006-12호
주소 21315 인천 부평구 평천로255번길 13, 903호
전화 032-883-5356 전송 032-891-5356
홈페이지 www.litopia21.com 전자우편 litopia@hanmail.net

ISBN-978-89-6412-160-3 03810

값 12,000원

· 이 도서는 한국출판문화산업진흥원의 2021년 출판콘텐츠 창작 지원 사업'의 일환으로 국민체육진흥기금을 지원받아 제작되었습니다.

장종권 풍자시첩

함석지붕집 똥개

리토피아
LITERATURE & UTOPIA

첫말

천년 전 세상이나,
백년 전 세상이나, 십년 전 세상이나,

거기서 거기였다면,

십년 후 세상이나, 백년 후 세상이나,
천년 후 세상이나,

거기서 거기겠네.

2021년 겨울
장종권

차례

제1부 나비의 눈은 다르다

제2부 벌의 눈도 다르다

제3부 네 눈도 다르다

제4부 내 눈도 다르다

제 1부

나비의 눈은 다르다.

어떤 때는 하늘도 시커먼데 사람은 오죽하랴.

하늘은 손바닥으로 가려진다

비가 오면 해는 안 뜨고 쉽니다. 눈이 오면 달도 안 뜨고 쉽니다. 비라도 오고 눈이라도 내려야 해도 달도 쉬지 않겠습니까. 그러니까 해와 달은 지가 쉬려고 비를 뿌리고 눈을 쏟아붓는 것일지도 모릅니다. 에라이, 어린아이도 안다. 비가 온다고 해가 안 뜨냐, 눈이 온다고 달이 안 뜨냐, 손바닥으로 하늘을 가리면 하늘도 없는 것이네. 네, 그렇습니다.

갯벌이 망해야 사람이 산다고 동진강 갯벌을 죽여버렸다.

기다리면 바람이 건져준다

늪에 빠진 도토리들이 엉덩이 재기를 하고 있습니다. 누가누가 더 넓은가. 가장 좁은 놈은 순식간에 가라앉고 가장 넓은 놈은 가장 나중에 가라앉을 것입니다. 키보다 넓이입니다. 나중까지 버티다 보면 혹시 아나요, 바람이 건져줄지. 다람쥐가 건져줄지요. 기다려 보세요.

얼어붙어서 아름다운 것은 고드름뿐이다.

찬밥 먹으러 터덜터덜 집으로 간다

유년의 고향마을에는 떡장수가 오고 엿장수도 자주 왔습니다. 떡장수가 이고 온 광주리에는 개떡이 가득했고, 지게바작 엿장수는 가위로 신명나는 엿치기를 했습니다. 나는 신기하게도 떡장수가 와도 엿을 먹었고, 엿장수가 와도 엿을 먹었습니다. 세월이 흘러도 떡장수 엿장수는 사라지지 않습니다. 떡은 이제 돈이 없어 못 먹고 엿은 이미 물리도록 먹어 싫습니다. 개떡이든 엿이든 먹을 능력이 있는 사람이나 드세요. 식은 밥이나 먹으러 터덜터덜 집으로 갑니다.

유년에는 전혀 몰랐던 고향의 무성서원을 어른이 되어 찾았다.

남들이 니 에미를 욕하믄 좋겄냐

지난밤 꿈에 전 대통령 디제이가 오셨습니다. 쪽지 하나 달랑 주고 돌아섭니다. 재빨리 쪽지를 펴보니 생뚱맞은 소리입니다. '너는 남들이 니 애비를 욕하믄 좋겄냐, 니 애미를 욕하믄 좋겄냐, 맘에 안 든다고 주댕이 함부로 놀리지 마라.' 어이가 없어 돌아서는 등뒤에 소리쳤습니다. 샘, 지가 어쨌다고요? 잘못 찾아오신 거예요. 내 말은 듣지도 않고 사라졌습니다. 그래도 대통령을 하셨던 분이 젠장, 치매에 걸리셨나.

어머니의 마지막 한마디, 내 아들

어머니 돌아가시기 전 마지막 말씀은 '내 아들'이었습니다. 그리고는 뱉은 숨을 결국 들이마시지 못하셨는데요. 어려서 당신 어버지 여의시고 어머니 재가하시어 버려진 인생이 평생의 한이었습니다. 이미 치매이신 아버지 아무도 알아채지 못하는 사이 어머니는 홀로 당신의 목숨을 벌써 놓으셨습니다. 어머니 얼굴 모셔놓을 곳이 사무실밖에 없습니다. 책상 앞에 앉아있다가 의자를 돌리기만 하면 어머니 아직도 나를 부르고 계십니다. 내 아들.

빌고 빌고 또 빌지 말고 베풀고 베풀고 또 베풀어라.

민족은 민족이다.

제1차 동네대전大戰

부자집에 도둑이 들었다. 도둑은 이미 부자집을 털겠다고 으름장을 놓은 상태다. 도둑이 부자집을 터는 동안 동네사람들은 박수를 쳤다. 돈 떨어진 부자집 사람은 동네에 내어놓은 고샅길을 틀어막고 통행료를 받기 시작했다. 씨부랄 왜 기왕에 내어놓은 통행로를 이제 와 막고 지랄이야. 제1차 동네대전이 시작되었다

십이지신들이 잠도 못자고 김제의 빈 들녘을 지키고 있다.

귀신이 따로 없다

가끔 오던 문자가 쉽니다. 내 속엣말을 들었나? 가슴이 떨립니다. 가끔 오던 전화가 없습니다. 내 속엣말을 들었나? 가슴이 떨립니다. 가끔 들르던 발길이 뚝 끊깁니다. 내 속엣말을 들었나? 가슴이 떨립니다. 내가 속엣말로 무어라 했더라, 가슴이 떨립니다. 속으로만 투덜댄 소리였고 사실은 욕도 아니었습니다. 그래도 소리가 사라지고 모습이 보이지 않으니 덜컥 겁이 납니다. 가슴 한 구석이 찔립니다. 그걸 듣다니요. 귀신이 따로 없습니다. 하물며 드러내놓고 떠들어댄 소리를 못 들을 일이 있을까 싶네요.

소문으로는 염라대왕도 돈을 엄청 밝힌다더라.

잘난 척에 박수쳐 주면 복 받는다

잘난 척을 할 때 맞장구쳐 주는 사람이 제일 좋습니다. 잘난 척을 할 때 같이 잘난 척 안 하는 사람이 다음으로 좋습니다. 잘난 척을 할 때 잘난 척 그만해, 하는 사람이 제일 밉습니다. 잘난 척 할 때 같이 잘난 척 하는 사람이 다음으로 밉습니다. 돈 안 들이고 베풀 수 있는 덕이 있습니다. 남의 잘난 척에 칭찬해 주는 것입니다. 남의 잘난 척에 박수쳐 주는 일입니다.

벼슬을 달고 살려면 별 수 없이 상처가 많은 법이다.

뒤로 걸어도 됩니다

자신만을 믿는 사람들은 뒤로 걷기 어렵습니다. 하지만 세상을 믿으면 뒤로 걸어도 괜찮습니다. 자기 눈만 믿고 앞으로 걸어도 얼마든지 넘어질 수 있는 것이고, 뒤로 걷는다 해도 세상 사람들이 모두 피해주고 지켜주어 안전합니다. 자신은 혼자이고 세상 사람들은 부지기수지요. 뒤통수에 있는 세상의 눈을 믿어봐야지요. 차가운 내 눈이 아니고 따뜻한 세상 사람들의 눈이니까요. 하긴 어려운 일이지요.

거친 바람을 피하자면 일단 모조리 벗어야 한다.

도움장치를 빼고 제 목소리 들어야

음향기의 에코우(이펙터)는 불완전한 소리를 자연스럽게 감추어주는 역할을 합니다. 우리가 노래를 잘하는 것으로 착각하게 만들어 주는 일등공신이지요. 모두가 가수라고 착각하게 만듭니다. 그런데 에코우를 많이 뺀 마이크를 사용하면 숨이 턱턱 막히게 됩니다. 자기 목소리가 제대로 들리기 때문입니다. 내가 노래를 이렇게 못했던가, 기가 질려 더 이상 노래 부르기가 어려워집니다. 외적 도움을 빼고 제 목소리를 들어야 자신의 소리를 제대로 알게 됩니다. 이것이 아마추어와 프로의 차이이기도 합니다.

저 폼 나는 새들에게 물어봐라, 신이 나고 좋으냐?

새들은 슬퍼 울어도 소리가 아름답다

새들의 노래는 아름답습니다. 새들도 아플 때에는 슬픈 노래를 부를 것인데 아직 들어본 사람이 없습니다. 새들이 아픈지 즐거운지는 관심 사항이 아닙니다. 물어본 사람도 없습니다. 그냥 즐기는 인간의 귀를 위한 생각입니다. 그래도 새들은 떠나지 않습니다. 어디에나 인간들이 있으니 도망치나마나입니다. 새들의 노래는 슬퍼도 아름답습니다.

손돌목의 평화도 엊그제의 전쟁과 한 끝 차이이다.

이건 대접이 아니다

치통이 심해 약국에 들렀습니다. 점잖은 약사님이 아버님이 드실 약이냐 묻더군요. 약국을 나선 후에도 아버님이라는 소리가 지워지지 않습니다. 엘리베이터를 타는데 아이 손 잡은 젊은 여자분이 할아버지 타시니 좀 비켜드리자 합니다. 엘리베이터를 나서서도 할아버지 소리가 영 지워지질 않습니다. 이건 대접이 아니야. 강변하다가 육십을 겨우 넘겼는데 포기하고 싶어집니다. 젠장, 포기란 없다, 하고 살아온 인생이 무색해집니다.

불의 칼이 가슴속을 후비면 그때가 일몰이다.

며느리의 전화

며느리가 손녀한테 전화기 바꿔줍니다. '할아버지.' '응.' '보고 싶어요.' '나도.' '머 해요?' '테레비 보고 있어.' '어서 주무세요.' '응.' '테레비 고만 보고 자요.' '그래, 너도 일찍 자자.' '난 아냐.' '왜?' '난 테레비 보고 잘 고야.' '???' 전화기 너머 며느리 웃음보가 터집니다.

아버지의 요구는 자유입니다

아버지의 요구는 자유입니다. 호빵도 드시고 싶고 치킨도 드시고는 싶으나 자유만큼은 못합니다. 어머니 돌아가시고 일 년 동안 혼자 계시다 넘어져 갈비뼈를 다치셨습니다. 종합병원 중환자실과 요양병원 거쳐 요양원에 모셨습니다. 자유를 드렸다가는 다시 중환자실행이 될까 겁났습니다. 당신은 중증

살아있는 것도 죽어있는 것도 다 살아 있고 다 죽어 있다.

치매라는 사실을 아실 리 없습니다. 누이가 가능할까 싶어 집에 모셨으나 일주일 만에 두 손 두 발 다 들었습니다. 아버지의 자유를 위하여 자신의 자유를 희생할 자식들이 더는 없었습니다. 어찌 하오리까. 일단은 아버지를 구속했습니다. 떠나시기 전의 일입니다.

백년이 가면, 천년이 가면, 만년이 가면, 무엇이 변하나.

함석지붕집 똥개

우리동네에서 최고 부자는 함석지붕집이었습니다. 집도 크고 마당도 넓은 집이었습니다. 식구도 별로 없는 집이었으나 주인마님은 귀티가 있었는지 동네사람들 모두 공손하였습니다. 그 집에는 대단히 사나운 똥개가 한 마리 있었는데 동네사람들 알기를 우습게 알아서 누굴 보든지 으르렁거렸습니다. 아무도 그 집 근처에 얼씬도 하지 못했지요. 내가 초등학교 졸업하기 전 그 집에서 꽃상여 하나가 나가고 며칠 후 그 집 똥개가 맞아죽었다는 소문이 돌았습니다. 속이 후련했습니다.

아라뱃길의 노을종 씁쓸하긴 하지만 잘 사라졌다.

그냥 미안합니다

동네가 개발지역이라 어수선합니다. 작정한 건물들이 미처 들어서지 못한 와중에 식당들만 난립합니다. 서로가 어렵습니다. 인건비도 채 건지지 못합니다. 버티지 못한 젊은 식당주인이 스스로 목숨을 끊었습니다. 단골들에게는 무한 서비스를 아끼지 않았던 그의 속사정은 알 수 없게 되었습니다. 얼마 있다가 그 자리에 다른 식당이 문을 열었습니다. 그 집에 들어설 수가 없습니다. 그에게 그냥 미안합니다.

도원동공설운동장 야구장, 이젠 사라졌지만 사실은 아직 우주로 날아가는 중이다.

부디 영원히 사세요

백년을 산다 해도 인생은 짧습니다. 천년을 산다 해도 인생은 짧습니다. 만년을 산다 해도 인생은 짧습니다. 갈 때가 되면 지난 세월이 무슨 의미가 있겠습니까.

백만년을 산다 하면 길다 하실라나요. 천만년을 산다 하면 길다 하실라나요. 백만년도 천만년도 살다보면 고닥 백년 됩니다. 고닥 십년 됩니다. 영원조차도 순간일 걸요.

구용 스승의 시비가 돌고 돌다가 백담사로 가셨다.

진실은 당신 가슴속에 있습니다

진실은 숲속의 침대에서 잠을 자는 것이 아닙니다. 진실은 만년 빙하의 얼음 속에 꽁꽁 숨어 있는 것이 아닙니다. 진실은 꽃순이처럼 착하고 예쁜 얼굴을 한 것이 아닙니다. 진실은 부처님처럼 예수님처럼 이 땅에 신비롭게 다녀가는 존재가 아닙니다. 진실은 멀거나 깊거나 높은 곳에 있는 존재도 아닙니다. 진실은 비록 종잇장보다 더 얇을지라도 당신의 가슴 속에 언제나 퍼떡퍼떡 살아있는 그런 것이 아닐까요.

옛날과 달리 둑을 갈라 물길을 만든 현재의 벽골제는 기상천외한 발상이었다.

년로하신 하나님

하나님이 좀 년로하셨다 .눈이 좀 나빠지시다보니 큰 교회 큰 십자가만 보인다. 귀도 어두어지셨다. 귀가 어두워지시다 보니 떼로 부르는 찬송이나 겨우 들으신다. 혼자 부르는 찬송가나 기도는 잘 안들리신다. 걸음걸이도 좀 둔해지셨다. 바쁘다 급하다 살려달라 아우성이지만 마음과는 달리 몸이 따라주지를 못하신다.

가평 펜션 '나타샤와 흰당나귀'의 마당 한켠에 나타샤가 산다.

대가리야 대가리야

생쥐들이 노는 곳에는 어김없이 뱀 천지입니다. 뱀밥이 된 생쥐들의 슬픈 노래입니다. 대가리야, 대가리야, 뱀대가리야. 대가리야, 대가리야, 멋대가리야.

고양이가 노는 곳에는 생쥐들이 없습니다. 고양이밥이 된 생쥐들의 슬픈 노래입니다. 대가리야, 대가리야, 고양이대가리야. 대가리야, 대가리야, 멋대가리야.

제2부

벌의 눈도 다르다

수행 중에도 필요한 평화는 있다.

진실도 우상이다

알량한 지식이나 생각으로는 진실에 접근하기 어렵습니다. 어쩌다 진실에 접근한다 하더라도 접근하는 순간 진실은 얼굴을 바꾸고 돌아앉기 십상입니다. 쉽게 논하는 진실은 어쩌면 시대적이거나 사회적이거나 혹은 인간의 생리적인 우상에 지나지 않을지도 모릅니다. 진실도 역시 살아있는 것이라서 잡으려 들수록 도망가기도 하고 알아볼 수 없도록 위장할지도 모릅니다. 진실은 잡을 수 없다는 것이 오히려 맞는 말인지도 모르지요. 진실 붙잡으려고 애쓰지 마십시다.

어눌한 사람의 눈에도 신비롭지 않은 게 어디 있으랴.

착각, 착각, 천세, 만세

진실은 잡을 수 없어서 착각이라는 아름다운 색안경이 등장하지 않았을까요. 사실 착각하고 살지 않으면 건강하게 살기도 어렵습니다. 착각하지 않고 자신의 본질을 깨닫게 되면 더 이상 견디기도 어렵고 앞으로 나아가기도 어렵습니다. 착각이 아니라고 해봐야 소용이 없습니다. 진실이 얼굴을 드러내거나 영원히 바꾸지 않는 이상 모든 것은 착각일 가능성이 많지요. 사랑도 착각이고 명예도 착각입니다. 깨달음도 착각입니다. 착각이라서 아름답고 당당하고 위대합니다. 착각하고 산다고 나무랄 일이 아닙니다. 착각, 착각, 천세, 만세.

꽃 중에 더 아름다운 꽃이 있다면 생명 중에도 더 아름다운 생명이 따로 있겠지.
설마,

같이 사는 것은 물 건너 갔다

영화를 볼 때에는 쌍방을 정의의 편과 불의의 편으로 구분해서 보는 버릇이 생겼습니다. 옳은 놈과 나쁜 놈으로 구분해서 상황을 판단하는 버릇이 생긴 것이지요. 사실은 아군과 적군만 구분하면 되는 것이었습니다. 내 편과 네 편만 가르면 되는 것이었습니다. 정의나 불의로 전쟁을 하고 싸움을 하는 것이 아니더라. 옳은 편과 그른 편으로 나뉘어서 진실을 위해 싸우는 것이 아니더라. 옳고 그름 때문이 아니라 오로지 자신을 위해 싸우는 것이더라. 살아남기 위해 싸우는 것이더라. 싸움이 붙게 되면 무조건 너는 죽고 나는 살아야 하는 것이더라. 같이 사는 방법은 이미 물 건너 간 것이더라.

건강하게 놀아주고 짖어주기만 하면 평생 밥을 먹는다.

막대기에 묶여있으면 편타

막대기에 묶여있으면 참 편합니다. 언제든 끊을 수 있는 허름한 끈이지만 절대로 끊어서는 안 됩니다. 자유라는 것은 허기진 공포에 지나지 않습니다. 영역을 벗어나기만 하면 불안합니다. 한 곳에 묶여 있어야 안전합니다. 선불리 도주하면 배고프고 추울 뿐입니다. 주인은 착합니다. 이런 착각이 밥을 먹여준다니 참 신기합니다.

무섭게 생긴 도깨비도 동네아저씨처럼 언제나 따뜻했다.

누가 밥상에 소태를 올리나

모르는 사람이 없습니다. 주장은 대화가 전제되어야 하고 설득이 담보되어야 하지요. 대화의 밥상머리에서 뛰쳐나가거나 내몰거나 하여 설득에 넌더리를 내면 이미 주장은 독선이 됩니다. 함께 앉아 설득을 해내던가, 아니면 설득을 당하던가, 그것도 아니면 타협과 절충이라는 아름다운 밥맛을 만들어 낼 때 그 집안이 평화롭게 될 것입니다. 혼자의 밥맛만 좋은 게 아니라 모두의 밥맛이 좋아지게 될 겁니다. 다 아는 일입니다. 그럼에도 불구하고 더러 이를 악물고 소태를 씹는 사람이 있기도 한 세상입니다.

떠나면 다 그만이다. 아무도 돌아보지 않는다.

시인은 반골이어야

물론 착각이지만 시인은 반골이어야 맞습니다. 시인이 반골이어야 세상도 반성하게 됩니다. 어제의 친구가 원님이 된다 해도 하루아침에 낯빛을 바꾸어야 고을이 살지요. 친구인 원님 근처에서 온갖 밥상 다 챙겨먹어서야 그게 어디 시인이겠습니까. 시인은 박수부대가 아닙니다. 시인은 꼴통이어야 맞습니다. 아, 두만강 푸른 물에 두 팔 걷는 여인아. 착각은 자유라지만 자유도 따지고 보면 당연히 착각입니다.

우물 안 개구리나 우물 밖 개구리나

우물 안 개구리에게 하늘은 그저 동전 만하겠지요. 아무리 하늘은 동전이 아니라는 진실을 가르쳐 주어도 우물 안 개구리는 알아듣지 못합니다. 인간들에게 하늘의 모습은 어떤 것일까요. 동전은 아니라고 우기실 것입니까. 그렇다 해도 결국 우물

별로 오래 전의 일이 아니나 우리는 오래된 역사의 흔적이라고 말한다.

밖의 개구리는 아닐까요. 우물의 안이냐, 우물의 밖이냐, 무엇이 다를까요. 게다가 하늘의 진짜 모습을 안들 인간의 운명이나 우리들의 삶과는 무슨 관계가 있을까요. 그러니 우물 안 개구리의 생각도 충분히 아름다울 것이라는, 나의 착각입니다.

생명이 위대한 것은 어디에서도 자랐다가 순식간에 사라지기 때문이다.

태양은 전능하긴 하다

옛날 중국 과보족의 한 젊은이는 태양과 경주를 벌였습니다. 태양은 빠른 것이 아니야, 경주를 하면 내가 태양보다 더 빨리 결승점에 도달할 거야. 그러나 그는 달리다가 지쳐 쓰러지고 말았습니다. 한참이나 뒤에 있던 태양은 점심때가 지나자마자 앞서기 시작했지요. 한 번 앞선 태양을 결국 따라잡지 못한 것입니다. 태양은 그만큼 강력하여서 위대합니다. 태양이 없으면 살아남을 존재도 없습니다. 태양은 전지全知는 몰라도 전능全能하긴 합니다. 나도 요즘 유행하는 태양 숭배론자가 되기로 했습니다. 대중을 따라 일반화된 나의 착각이 가상합니다.

오늘의 나제통문에는 바람만 드나든다.

내일은 내일의 태양이 뜬다고?

본래 태양은 부상扶桑나무를 타고 오르기 전 함지咸池에 머무르면서 며칠 동안 얼굴을 깨끗하게 닦는다 했습니다. 그래서 저리도 화사하고 밝은 것이겠지요. 붙잡는다고 서 있을 태양이 아니지만 부디 서 있어 달라고 애걸이라도 하면 혹시 모릅니다. 그 자리에 영원히 서 있을 수도 있지 않을까요. 오늘의 태양은 반드시 지고 내일은 다시 내일의 새로운 태양이 뜬다는 말이 맞는 말이라고 누가 그러던가요?

나도 나한테 속는다

다른 사람들이 나를 바라보는 경우로 보면, 그들은 내 이름도 착각하고 있을 것이고, 얼굴도 착각하고 있을 것이며, 시도 착각하고 있을 것입니다. 물론 일반화된 사회적 약속을 떠나서의 말입니다. 누가 내 이름을 불러주어도 내 이름이 아닌 듯 귀가 의심스럽기도 하고, 보는 사람마다 내 얼굴은 각양각색으

누군가가 궁궐을 요절냈다 난리를 치면서도 그대로 산다.

로 다를 것이기 때문입니다. 내가 쓰는 변변치 못한 시야 오죽하겠습니까. 만약 나의 진실한 이름과 얼굴과 시가 있다고 한다면 나는 본인이니까 알 수 있지 않을까요. 그런데 나도 도무지 모르겠습니다. 어쩌면 나도 나한테 속고 있는지 모릅니다. 내가 나를 속이다니요.

살아있으면 그 자체로 스릴이 있는 것이 아니던가.

죽은 바람이 산 풀을 다스린다

군자君子는 바람風이고 소인小人은 풀草이라는 말이 있습니다. 군자인 바람이 소인인 풀을 제압하는 것이 순리라고 주장합니다. 맞는 말이긴 합니다. 그래서 풀들은 저놈의 바람을 도무지 어찌할 수가 없습니다. 바람은 동쪽에서 불다가 남쪽에서도 불기도 하고, 서풍이 되었다가 곧바로 북풍으로 돌아서기도 합니다. 말랑말랑 부드러웠다가 갑자기 미친 찬바람이 되기도 합니다. 풀들은 정신이 하나도 없습니다. 다행인 것은 그래도 풀은 죽지 않고 살아있다는 것입니다. 죽은 바람은 제가 무슨 짓을 하는지도 모르거든요.

제 발밑에만 혼자 꽃잔디 깔아놓는 놈 있다.

생쥐들에게만 법을 들이댄다

사람은 살기 위해서는 무슨 짓이든 합니다. 살고자 하는 욕망이 생명체의 기본적인 욕망이기 때문입니다. 전쟁터에서도 총알을 피해 살려고 도망칠 수 있습니다. 죽을 정도로 배가 고프면 남의 빵을 훔칠 수도 있습니다. 그런데 전쟁이 끝나고 나면 탈영병은 처벌을 피할 수가 없습니다. 빵을 훔친 사람도 언젠가는 그에 대한 대가를 치러야 합니다. 호랑이들은 그렇지 않습니다. 사자들도 그렇지 않습니다. 생쥐들에게만 법을 만들어 통제하지요. 그렇지 않으면 다 죽을 수도 있다나요. 생쥐 때문에 호랑이 사자가 죽는다니 이게 되는 말인가요.

교문이 가까워지면 종소리 땡땡땡, 다급한 심장소리 쿵쿵쿵.

답안지는 이미 태웠거든요

살아있던 존재들은 다 죽었습니다. 살아있는 존재들은 앞으로도 다 죽을 것입니다. 왜 죽게 될까요. 죽을 때까지 이유를 찾아보세요. 다 죽을 것임에도 불구하고 악착같이 살려고 합니다. 왜일까요. 살아야 할 이유가 무엇인지 죽을 때까지 찾아보세요. 신이 인간을 보낸 이유는 딱 하나가 아닐까요. 왜 사는지 끝없이 고민해 보그라. 왜 죽는지 끝없이 고민해 보그라. 어떻게 사는 것이 가장 멋진 인생인지 끝없이 고민해 보그라. 하지만 아무리 고민해 봐도 답은 아마 없을 것입니다. 그분께서 실수로 답안지를 이미 태워버렸거든요.

잘나가던 부평풍물축제도 감염병에 걸렸다.

멋대가리 없어도 오랜 친구다

친구들이 약간 있습니다. 이 친구들은 서로 전화가 없습니다. 전화가 없으니 만남도 어렵지요. 어쩌다 통화가 되거나 얼굴을 보게 되더라도 친한 기색은 전혀 보이지 않습니다. 친구인지 아닌지 잘 모를 정도입니다. 별 일 없지? 없어, 너는? 나도 없지. 잘 지내자. 대충 이런 정도일 뿐입니다. 무슨 살아가는 이야기나 삶 중에 생기는 갈등 같은 것도 꺼내지 않습니다. 우리 아이 시집간단다. 어머니 돌아가셨다. 이런 정도이니 정말 간단합니다. 그래도 오랜 친구입니다.

사람들은 왜 아무데서나 아름다움을 느낄까?

살고 죽는 일은 호락질이다

품앗이라는 말이 있고 호락질이라는 말도 있습니다. 예전에는 품앗이가 아니면 농사짓기가 힘들었습니다. 어떤 때에는 혼자라도 해야 하는데 그것이 호락질입니다. 농사는 하늘의 도움에 사람들 도움으로 땅바닥에 지었으니 가히 천지인 합일이라 할 수 있겠지요. 사람은 줄고 기계화가 되다 보니 이런 말도 옛말이 되었습니다. 하지만 어차피 살고 죽는 일은 호락질이지요.

내변산에 깊숙이 들어가면 오지게도 시원하다.

하늘에 시원한 구멍을 뚫어볼까

호락질 하는 사람들이 늘고 있습니다. 하늘은 어디인가 싶고 땅바닥은 어디인가 싶습니다. 머리를 들어도 머리를 처박아도 도무지 하늘인지 땅인지 구분이 되지 않습니다. 언제 농사를 시작해야 하나요. 때에 맞추어 비는 내릴라나요. 모내기는 누구랑 하게 될까요. 이렇게 천하에 사람으로 가득한데 웬 호락질일까요. 작대기 찍어 땅바닥에 구멍 뚫고 작대기 쳐들어 하늘에 시원한 구멍을 뚫어볼까요. 착각은 자유이니 불쌍하게도 나는 한껏 자유롭습니다.

잔디 밟으면 그분 숨소리 들리고 꽃 바라보면 그분 웃음소리 들린다.

돌다리 두드려 봐야

돌다리 두드려봐야 손만 아픕니다. 돌다리는 말짱하다가도 제가 무너지고 싶을 때 무너지게 되어 있습니다. 그러니 건너기 전에 차라리 공송하게 묻는 게 훨씬 낫겠지요. 돌다리님, 무너질 건가요, 안 무너질 건가요. 자다가 깬 돌다리는 이렇게 대답할 것입니다. 돌대가리야 건너지 마라. 건너지 않아도 너는 곧 죽는다.

빨강색을 스톱에 쓴 것은 빨강에 대한 모독이다.

너는 법을 지키냐

횡단보도에 파란불이 켜있음에도 차량들이 그냥 지나갑니다. 앞차는 가고 따라서 나도 지나가는데 어랍쇼, 땅바닥에서 솟아난 경찰관이 차를 세웁니다. 앞차는 쌩쌩 달려 벌써 사라지고, 내 차를 세우는 사이 뒷차도 쌩, 하고 지나갑니다. 왜 나만 잡는 거요, 따지니까 경찰관이 피식 웃습니다. 위반했잖아요? 딱지를 뗐습니다. 억울하다고요? 신호를 지키세요. 근데 너는 법을 지키냐?

내가 분명 저 속에 있을 것이라서 평생 찾았다. 아직도 찾고 있다.

애비 주머니를 털다니

교통경찰관이 신호위반 차량을 세웁니다. 운전석 유리창을 내리는데 아버지이십니다. 아버지, 신호를 위반하시면 어떡해요? 이놈아, 사람도 없는데 어떠냐? 아들이 딱지를 뗍니다. 싼 걸로 떼달라는 말을 못하고 만 아버지가 유리창을 올리면서 한 말씀 하십니다. 용돈 한 푼 안 주는 놈이 애비 주머니까지 털어? 불효막심한 놈. 잘 먹고 잘 살아라.사실 애비 자식 사이에는 법이 없습니다. 아버지에게 딱지를 떼지 않으면 빵에라도 가게 될까요? 그럴까요?

세월이 더 가면 교각들마저도 삭아 내릴 것이다.

방주를 향해

드디어 소리들이 배를 산으로 끌기 시작한다. 정상이 머지 않았다. 배가 정상에 오르는 순간 비는 삼백예순 날 쏟아질것이고, 배에 오른 사람들만 살아남을 것이다. 물속에 잠기는 나는 잠기기 전 서둘러 마지막 두 손을 모아 축하를 드릴 것이다. 에라이 빌어먹을 놈들 천년 만년 살그라.

제3부

네 눈도 다르다

선녀가 흘리고 간 양산도 세월이 가면 아무도 줍지 않는다.

등잔 밑이 가장 밝은 곳이다

어머니는 맛있는 떡을 등잔 밑에 두셨습니다. 배가 고파 자다가 깨어서도 처음에는 그 떡을 발견하지 못했지요. 하루이틀 날이 지나자 놓는 즉시 떡은 사라지고 없었습니다. 형제들이 다 알게 되었지요. 어두운 곳이야말로 가장 밝은 곳인 셈입니다. 어머니는 변함없이 언제나 등잔 밑에 떡을 놓아두셨습니다. 가장 어두운 곳에 가장 맛있는 떡이 있었습니다.

무엇인가를 보라고 자꾸 돈 들여 만들어 놓는데 대부분 경고다.

패거리 속으로 진군합시다

모든 것이 숫자로 결정이 나는 사회에서는 패거리문화가 사는 길이겠지요. 혼자 있다가는 제 밥도 못 찾아 먹습니다. 오히려 제 밥마저 뺏기고 삽니다. 능력이 있으면 대접을 받을 것도 같지만 어림없습니다. 그 능력조차 뭉개지기 십상이지요. 그런 꼴을 우리는 숱하게 보고 삽니다. 그러니까 살려면 더 큰 물방울 속으로 빨려 들어가기 위해 몸부림쳐야 합니다. 옳고 그른 것은 차후 문제입니다. 친화력의 부정적 현상이지만 긍정적 현상이라고 해봐야 별볼 일도 없지요. 혼자 바보 되는 것보다는 패거리 속으로 들어가 자유롭게 활보하는 것이 훨씬 나은 일입니다. 패거리 속으로 진군합시다. 그럴려면 일단 나라는 존재의 양심은 팔아먹어야겠지요.

사람들이 카메라를 들고 있는 이유는 무언가를, 혹은 어느 순간을 기다리기 때문이다.

보통말들의 무주공산

한유는 '잡설'에서 '세상에 천리마가 없는 것이냐? 백락이 없는 것이냐?' 한탄했다고 합니다. 천리마는 한 번에 천리를 달릴 수 있는 말입니다. 그러나 평소에는 보통 말과 비슷해서 백락 같은 인물이 없으면 재능을 드러낼 수 없지요. 문제는 천리마는 보통말보다 먹는 것도 다르고, 평소 몸을 푸는 공간도 다르다는 것입니다. 그런데 보통말처럼 먹이를 주고 마구간에 묶어놓다 보니 견디지 못하고 일찍 죽을 수밖에 없는 것이지요. 시대는 많이 달라졌습니다. 보통사람들의 시대입니다. 천리마가 있은들 무엇하고, 백락이 있은들 무엇하겠습니까. 보통 말들이 먼지 폴폴 날리며 군무를 추는 무주공산, 내 나라 삼천리 금수강산입니다.

끝내 분노에 가득 찬 불길이 쏟아져 내릴지도 모른다.

진시황이 그냥 죽었겠나

죄罪라는 글자는 진시황이 만들었다고 합니다. 그물 망罒 자에 아닐 비非 자, 아닐 비非 자는 등 돌리다, 배반하다의 뜻을 가지고 있습니다. 그러니까 등 돌린 놈은 무조건 잡아들인다는 의미의 글자겠지요. 뜻이 같지 않은 놈, 뜻이 같지 않아 등을 돌린 놈은 모조리 죄인입니다. 중국을 통일한 진시황의 생각입니다. 세상에는 옳고 그른 것이 없습니다. 내 뜻에 반하는 놈은 모조리 죄인이고 적입니다. 먼지는 이미 잔뜩 뿌려놓았습니다. 진시황이 그냥 죽었을 리가 없습니다.

지옥조차도 보기에 따라 아름다운 곳이니 겁 먹을 필요가 없다 .

가벼워야 살아남습니다

세상은 지뢰밭입니다. 천년 전 만년 전부터 이미 깔아놓은 지뢰입니다. 집안에 있는 것이 가장 안전하긴 하겠지만 그럴 수는 없는 일이지요. 그러니까 몸을 최대한 가볍게 만들어야 합니다. 몸만이 아니라 마음도 가볍게 만들어야 합니다. 덜 먹고 욕심을 줄이는 거지요. 민감한 지뢰가 놀라지 않도록 하는 것이 가장 중요하거든요. 지뢰가 놀라는 순간 여지없이 부우웅, 하늘로 나를 테니까요. 천년 전 만년 전으로 날아가게 될 테니까요.

백성의 피와 땀이 거름이 된 잔디에 새들만 논다.

엑스트라와 함께 휴머니즘도 간다

액션 영화를 좋아합니다. 끝까지 살아남는 주인공이 보기에 좋습니다. 통쾌합니다. 그런데 엑스트라들이 문제입니다. 수도 없이 죽어갑니다. 누군지도 모릅니다. 알려고도 하지 않습니다. 영웅은 누구나 잘도 기억합니다. 그러면 함께 싸우다 죽은 무명의 전사들은 무어냐? 이유 없이 학살당하는 엑스트라는 무어냐? 그들도 누군가의 자식이고 삼촌이고 아들이고 오빠이고 연인이지 않겠느냐? 대답이 없습니다. 그들은 생명체가 아니랍니다. 하긴 엑스트라를 사그리 죽이지 않는 영화는 재미가 없긴 하지요.

고향으로 가는 어느 시골길이나 대한민국의 시골길이다.

주장하면 허방에 빠진다

육십 년을 넘어 살면서 내가 배운 것 중 가장 소중한 것은 내 생각이 옳은 경우는 거의 없다는 것입니다. 자칫 혼자 생각에 몰입하게 되면 보아도 족족 헛것이고, 들어도 족족 헛소리더라 이겁니다. 보아도 본 것이 아니고, 들어도 들은 것이 아니라니, 참 신통한 결론에 도달한 것입니다. 어떤 주장에도 반론이 없는 것은 없었습니다. 사람의 생각은 그만큼 다르고 경우와 상식은 바다보다 넓고 깊었습니다. 내 주장은 나의 허상이고 나의 착각일 뿐입니다. 주장하는 순간 곧바로 나락 없는 허방에 빠지게 됩니다.

키 재기가 가능할 것인지 모르겠다.

새벽은 없다

닭모가지 비틀면 새벽은 오지 않는다. 비튼 놈의 새벽은 올망정 비틀린 닭은 그것으로 끝이다. 새벽은 비튼 놈 비틀린 놈 따지지 않고 오긴 오겠지만, 힘 빠지고 맥 빠지고 깃털까지 모조리 빠진 닭들이여, 초라한 모가지를 지켜라, 비틀리면 네 새벽은 아예 없다.

화마가 살짝 스치고 가더라도 아무 것도 못쓴다.

악惡을 쳐내면 다른 악惡이 온다

누구는 선善을 장려하면 악惡은 당연히 줄어든다고 생각했고, 누구는 악惡을 강제로 쳐내면 자연스럽게 선善이 그 자리를 차지하리라고 보았습니다. 선善을 장려할 것이냐, 악惡을 쳐낼 것이냐, 현대정치는 법치주의로 흐르면서 악惡을 강제로 쳐내는 방향으로 가닥을 잡았습니다. 악惡을 강제로 쳐내면 그 자리를 선善이 차지할 것이라고 굳게 믿은 것입니다. 그러나 악惡을 쳐내면 곧바로 선善인 줄 알았던 또 다른 악惡이 그 자리를 차지하곤 했던 것이 역사의 흐름이었습니다. 진정 몰랐었네.

살아 남으려는 의지는 그 자체가 죽음 같은 고통이다.

죽다 산 남자

호랑이굴에 들어갔다가 살아나온 남자가 있다. 호랑이가 마침 볼일을 보고 있었는데 그 볼일 보는 모습이 하도 불량해서 쏘아부쳤던 것이다. '떽, 방구석에서 똥 싸면 되겠냐? 밖에다 싸야 할 거 아녀?' 어이가 없는 호랑이 똥 치우러 가는 사이에 도망쳤단다.

망우리에 가기만 하면 다들 꿩으로 환생한다.

지구는 잠도 없습니다

소리 없는 곳이 없고 소리 없는 때가 없습니다. 세상은 온갖 소리들로 가득합니다. 그만 두라는 내 소리 목이 터져라 질러 봐야 들어줄 사람도 없고 들리지도 않습니다. 지구를 감싸고 있는 이 소리의 띠로 인해 지구는 우주의 신호도 받지 못하고 저 혼자 정신없이 시끄럽게 돌고 있습니다. 행성들도 귀를 막고 있습니다. 도무지 무슨 소리인지 알 수가 없습니다. 지구는 잠도 없습니다.

여기에서 마을버스를 내리면 아버지어머니집(유택)에 갈 수 있다.

하산길도 불편하다

걷다보니 어느새 하산길입니다. 하산길에 만나는 오르는 사람들을 보면 부럽습니다. 인생은 정상이 목표이니까요. 정상을 향해 가는 자만이 행복한 청춘입니다. 가끔은 위험스럽게 오르는 사람들을 봅니다. 뒤를 경계하느라 뒷걸음으로 오르는 사람도 있습니다. 물구나무서서 오르는 재주꾼도 있습니다. 조심하라 일러주고 싶으나 그랬다간 낭패를 당하기 십상입니다. 그가 정상까지 오를까 싶어 불안하기도 하지만 결국 내 문제는 아닙니다. 그러다보니 내 하산길도 편안하지가 않습니다.

시소 없이도 발전한다니

시소는 서로 올라가고 내려가는 재미가 있습니다. 상대가 올라가면 나는 내려가고 상대가 내려가면 나는 올라갑니다. 대한민국 놀이터에 이 시소가 잘 보이지 않습니다. 시대가 변하니 시소는 시시한 놀이가 되어버린 것입니다. 시소시소할 빈

터가 시끌시끌해서 싫어진 것입니다. 시소가 사라지는 나라, 시소 없이도 고도로 발전하는 나라, 대한민국 파이팅입니다. 칭찬이 아닙니다.

어디에서라도 사람은 살 수 있고 살다 보면 살 만해지겠지.

춘향이가 쉬었다간 휴게소에 코스모스가 만발했다.

자알 해도 그 판, 모옷 해도, 그 판

맹자의 '오십보백보'라는 말 속에는 다행스러운 결과가 하나 숨어 있습니다. 모두 다 전쟁터에서 살아남았다는 것입니다. 오십 보를 달아났든 백 보를 달아났든 창피할 게 없습니다. 살아남아야 앞으로 무엇이든 도모할 수 있으니까요. 오십 보를 달아났든 백 보를 달아났든 무슨 상관입니까. 살아남았으면 그것으로 족합니다. 비난하나마나입니다. 제가 하나 더 가진 것은 따지지 않으면서 하나 더 흠이 있는 남은 죽어라 따지는 훌륭한 대한민국입니다.

밸런스냐 언밸런스냐 그것이 문제로다.

붕붕 나는 벌떼들

붕朋이라는 것은 스승과 스승을 따르는 사람들을 통칭합니다. 정치적 리더와 그를 따르는 사람들을 말하기도 합니다. 배울 거 별로 없는 조선 역사 한켠에는 이 붕朋 중 머리만 처치하면 나머지는 지리멸렬이었습니다. 이른바 붕당朋黨 정리이고 그런 방식의 사화士禍입니다. 숲에도 붕朋이 있습니다. 숲을 정복한 여왕벌과 벌떼들이 붕붕 납니다. 벌떼에게는 모두가 적입니다. 당장 안 쏘이려면 피해야 합니다. 여왕벌 하나만 처치하면 끝일 텐데 그러면 꿀은 어디에서 따나요. 붕붕.

동자승이 앉아계시면 어디든 극락이다.

이유 없는 반항은 없다

이유 없는 반항은 없습니다. 이유를 이해하지 못하는 반항일 뿐입니다. 정의를 외치는 자에게 저항하는 자는 불의가 됩니다. 저항하는 자는 자신이 정의일 텐데 그러면 상대가 불의가 됩니다. 정의는 곧 불의이고 불의는 곧 정의인 셈입니다. 그러니 옳고 그름은 죽어 하늘에 가서 물어보세요. 하나님도 아마 고개를 갸우뚱거리지 않을까요.

이그러뜨려야 더 예쁜 것도 있기는 하다.

역리는 순리보다 황홀하다

요즘 세상에서는 모든 물들이 거꾸로 거슬러 오르기를 꿈꿉니다. 내리꽂는 폭포는 이미 한물 갔습니다. 물은 물답게 아래로 흘러가면 될 것을 왜 거슬러 오르려 할까요. 물이 아래로 흐르는 물만으로 끝나면 재미가 없겠지요. 그러니 뒤집어야지요. 뒤집어서라도 새로운 즐거움을 찾아야지요. 순리의 시간이 지나고 역리의 시간이 오고 있습니다. 반역과 혁명이 황홀한 기쁨으로 손짓하고 있습니다. 온몸의 피가 거칠게 돌 겁니다.

착하게 사는 우리집에도 박씨 좀 뿌려주세요.

다 말아 드신 높은 분들

내 부모는 목숨 걸고 지키지만 남의 부모는 신경 쓰지 않습니다. 내 딸은 목숨 걸고 지키지만 남의 딸은 신경 쓰지 않습니다. 팔은 안으로 굽는다 했으니 밖으로 굽히려면 팔이 부러지는 것이겠지요. 맞을 짓을 해서 맞는 것인데 웬 참견인가요. 궂은 길이니 가던 길이나 살펴 가세요. 법은 어차피 높은 분들이 다 말아 드셨으니 혀를 찰 수밖에 없습니다. 우리가 먹을 만한 법이 어디 남아 있을까요? 밥상도 이미 엎어졌습니다.

우리는 어디에서 왔길래 어디로 가려는 것일까.

종착지 없는 특급열차

시적인 눈으로 세상을 읽는 시대는 아닙니다. 시인의 생각과 꿈이 아니더라도 세상은 기이한 것들로 가득하여 삶에도 생각에도 부족함이 없습니다. 시인의 생각이 없어도 온갖 정보와 경륜이 넘쳐납니다. 당연히 어른의 경륜은 불필요해졌고, 어머니의 손맛도 무의미해졌습니다. 그에 따라 시인의 생각도 삼류로 전락했습니다. 시적이지 않아도 정신없이 살아가야 하는 복잡하고 신속한 세상이 돌아가고 있습니다. 개인의 꿈이 없어도 열어볼 수조차 없는 다양한 꿈들이 난무하고 있습니다. 어디로 가고 있는지 아무도 모릅니다. 종착지가 존재하지 않는 특급열차에 탑승하고 있는 것입니다.

어둠도 밤도 무지도 사실은 끊임없이 유혹하는 마약이다.

저승에서 온 문자

저승에서 문자가 왔다. '이노므 나라 지켜주고 싶어도 어렵네. 머신가? 그 머신이라는 물건은 도무지 만질 수가 없단 말이야. 니들끼리 잘해봐라. 나는 계속 쉴란다.' '거그도 핸폰 있잖아요. 문자도 하시믄서.' '막 들어온 후배놈한테 빌려 쓴 것이여. 그놈이 영 비싸게 굴어 더는 못해 먹겠다.'

제4부

내 눈도 다르다

땀 흘리고 퇴근하는 고속도로에 수도 없는 달들이 뜬다.

팔아먹은 피아노

가난에 떠밀려온 시집살이 시어머니는 저승사자이고, 서방이라는 놈은 애미 치맛자락만 붙잡는 마마보이였지. 시어머니 돌아가시고 분식집을 시작했댔지. 각방 쓰는 판에도 딸내미 하나 생기고 그럭저럭 돈도 벌렀다는데, 그래도 서방놈은 맨날 외박에 술타령이라. 그녀 결국 딴 주머니를 차기 시작했댔지. 빼돌린 돈을 어디에 숨겨둘까 궁리 끝에 딸내미 중고 피아노 속에 숨기기로 했댔는데, 세월이 흐르고 얼추 돈이 모였으려나 피아노를 열어보기로 한 그날 저녁이었댔지, 집구석에 들어가보니 웬걸 피아노를 고물상에 넘겨버렸다지 무언가. 에라이, 죽일 놈.

꼭 치마를 들추어야 하는가.

시인들이여, 정치를 하자

세월이 많이 흐른 일입니다. 고인이 된 한국문협 황 모 이사장이 인천 행사에 와 당시 거물이었던 최 모 인천시장과 식사를 하는 중이었습니다. 어쩌다가 나이를 까게 되었는데 황 모 이사장 왈, 그러면 내가 한참이나 형이네. 형님이라고 하셔야지. 나는 새도 떨어뜨린다는 최 모 시장의 얼굴에 당황하는 기색이 역력했습니다. 정치가 시적이면 알아들을 사람이 별로 없지만, 시가 정치적이면 세상을 구할 수도 있을 것입니다. 원로 시인은 대접이라도 받지만 원로 정치인은 욕 먹기 십상입니다. 그러니 한 수 위인 시인들이여, 모조리 정치판으로 나서자. 이 말을 믿으십니까?

외등을 만나면 평화롭지만 어디에나 있는 것은 아니다.

별별 소리 잘 씹어 먹겠습니다

별별 소리를 다 듣고 삽니다. 별별 사람들과 이 시대를 살기 때문입니다. 이전 사람들은 별별 소리를 아예 할 수가 없었습니다. 노는 동네가 작았기 때문입니다. 마이크도 없었고 스피커도 없었기 때문입니다. 후대 사람들은 별별 소리 하기에는 시간이 아까울 것입니다. 할 일이 많기 때문입니다. 별별 소리가 밥을 줄까요? 돈을 줄까요? 명예를 줄까요? 그 중 하나만 준다 해도 아마 박사학위가 여럿 나왔겠지요. 별별 소리 이 시대만의 특별한 선물로 알고 잘 깨물어 먹겠습니다. 잘 씹어 먹겠습니다.

인간들이 망해가는데 새들이라고 안 망하랴.

그 개고생 안 할 수 있었다

이유도 모르고 개고생을 하였습니다. 스스로 파놓은 무덤도 여럿이었습니다. 무덤 주변에는 들개들이 떼로 몰려 짖어댔지요. 아슬아슬한 죽을 고비를 숱하게 넘기다가 결국 죽어 만난 염라대왕이 손가락질 하면서 비꼬았습니다. 이 바보야, 너는 오래 전에 죽었어야 그 개고생을 안 했던 거야.

보리밭 문둥이 어른들은 몰라요

문둥이는 사람 생간을 먹어야 나을 수 있다네요. 보리밭에 숨어 있다가 학교 다녀오는 우리들 생간을 빼먹는다는 소문이 무성했습니다. 우리는 하교길 들판에 보리밭만 나타나면 미리부터 먼 길로 돌아 걷곤 했습니다. 그런데 정말로 이해가 가지 않았습니다. 왜 어른들은 하교길 우리들을 지켜주지 않았을까요. 보리밭 근처에 한 분만 계셔주면 얼마나 고마웠을까요. 도

무지 이해가 되지 않았습니다. 애당초 어찌하여 보리밭 농사를 그만두지 않았을까요. 어른들은 이 공포스러운 소문을 전혀 몰랐던 것일까요. 지금도 답답합니다.

어린시절 문둥이들이 저 보리밭에 숨어 있었다.

제천 어드메의 겨울 장독대도 얼었다.

웬수를 만나면 오줌도 누지 마라

산책 중에 오줌을 누다가 웬수를 만났습니다. 이유 없이 자존심 망가뜨린 놈은 같은 하늘 아래에서 함께 살 수 없다는 말이 옛날 책에 있는지는 잘 모르겠습니다. 사실은 없지요. 생리현상은 어쩔 수 없으니 잠깐 기다리거라 하였는데, 웬 미친 놈, 먼저 느닷없는 한 방을 먹여버립니다. 정신이 번쩍 듭니다. 또 당했습니다. 웬수를 만날 때에는 오줌도 누면 안 됩니다. 웬수를 언제 만날지 모르니까 오줌을 아예 누어서는 안 되겠지요.

하루종일 물자세에 올라 논물 대던 노동의 시절도 있었다.

아버지 타는 동안에도

아버지가 열심히 타는 동안 식구들은 갈비탕을 먹는다. 국물 맛이 왜 이래, 고기는 왜 이리 질긴 거야, 떠들썩하다. 적지 않은 자식 손주들이 마지막 주린 배를 채우고 있다. 아버지 타는 동안 남은 생명들도 열심히 땔감을 우겨넣고 있는 것이다.

터덜터덜 걷는 망아지, 덜컹덜컹 흔들리는 수레, 그 속에도 평화는 있었다.

꿈이 아니었다

강아지가 무심코 걸어가다가 사람을 되게 걷어찼습니다.
고양이도 따라가다가 재미가 있어 사람을 걷어찼습니다.
걷어차인 사람이 정신을 차리고 보니 사람이 아닙니다.
꿈인가 하고 볼따구를 꼬집어보니 너무너무 아픕니다.

도시가 시골을 배울 차례가 된 것이 오래 전 일이다.

너무 빠르면 못 따라간다

앞서가는 진보를 따라가다가 보수에 발목이 잡혀 가랑이가 찢어진다. 앞서 가는 진보에게 소리친다. 너무 빨리 가지 마라. 내 한쪽 발이 문지방을 겨우 넘고 있다. 앞서 가는 진보가 침을 탁 뱉는다. 너는 보수로 남아 있어. 능력도 안 되는데 이 참에 그냥 빠고 말아?

사실은 장난 아닌 것이 있겠냐.

죽을 때도 함께 죽을 거란다

있는 사람은 있는 사람끼리 노는 것이고, 없는 사람은 없는 사람끼리 노는 거지요. 있는 사람 근처에서 어슬렁거린다고 있어지는 것도 아니고, 그렇다고 또 없는 사람끼리 노는 판에 끼었다가는 귀싸대기 맞기 십상이지요. 여기에도 끼지 못하고 저기에도 끼지 못하면, 바보행세 하지 않아도 그냥 바보입니다. 그런데 쟤들은 죽을 때도 함께 죽을 거랍니다.

꽃은 아무 데서나 아무렇게나 피어야 이쁘다.

돌 던지는 재미에 푹 빠졌겠지요

나의 눈은 믿을 만한가요. 나의 귀는 믿을 만한가요. 나의 이성은 믿을 만한가요. 믿을 만한 자신이 있으면 나도 남의 눈과 남의 귀를 경멸하고, 남의 이성을 비웃을 수도 있을 것입니다. 죄 없는 자부터 돌을 던져라. 돌을 던지는 자는 분명 예수보다 나으리라. 죄가 있어 돌을 던지겠습니까. 괜히 돌 던지는 재미에 푹 빠졌겠지요.

의자왕이 사신다는 동네 입구인데 누가 의자왕을 제대로 아냐?

삽을 하늘 높이 쳐들지 마세요

삽은 높이 쳐들지 않아야 땅이 평화롭습니다. 삽질은 발바닥 아래에서부터 시작해야 비로소 삽질입니다. 뒤집어지는 흙도 고분고분합니다. 본래 삽은 땅만 알아보는 근시입니다. 그러니까 느닷없이 삽을 높이 쳐들게 되면 제 발등 찍기 십상이지요. 별일도 아닌 일에 삽을 하늘 높이 쳐들지 마세요.

우리도 구경할 줄 안다.

똑같을 가능성은 없다

'저 사람 좋아' 와 '저 사람 좋지 않아' 를 두고 표결에 붙이면, 오늘의 결과 다르고, 내일의 결과 다르고, 한 달 뒤 결과 다르고, 일년 뒤 결과 다르고, 십 년 뒤, 백 년 뒤의 결과가 다르지 않을까요. 똑같을 가능성이 조금이라도 있을까요. 아침의 결과 다르고, 점심 때 결과 다르고, 저녁 때 결과 다르고, 한밤중의 결과 다르지 않을까요. 똑같을 가능성이 조금이라도 있을까요. 가족의 결과 다르고, 친구의 결과 다르고, 동료의 결과 다르고, 여기 다르고 저기 다르지 않을까요. 똑같을 가능성이 눈곱만큼이라도 있을까요. 있다면 믿으세요. 바보 됩니다.

사람이 살던 곳이면 쥐들도 놀고 뱀들도 산다.

나는 언제 부자가 되나요

소크라테스도 위대합니다. 알렉산더도 위대합니다. 예수도 위대합니다. 이순신도 위대합니다. 징기스칸도 위대합니다. 잔다르크도 위대합니다. 쟝발장도 위대합니다. 위대합니다. 다 위대합니다. 그런데 과연 그들은 가난한 내게 무엇을 남겨 준 것일까요. 과연 그들은 헐벗은 내 정신에 무엇을 부어주었을까요. 그보다 나는 언제 부자가 되나요.

지랄같이 살아도 예쁜 것들이 얼마든지 있다.

태양은 얼마든지 가릴 수 있습니다

사실대로 말하면 살려준다고 타이릅니다. 사실대로 모른다고 해도 말하는 것들은 모두 사실로 둔갑합니다. 사실은 이미 추궁하는 자의 머릿속에 그려져 있습니다. 사실대로 말한다고 그 말을 믿어줄까요? 원하지 않는 사실은 오히려 위험합니다. 그러니 사실대로 말해도 말하지 않아도 사실은 역사 뒷편에 숨게되고, 진실은 눈 뜬 허당들 손바닥에 묻어서 그냥 덮어집니다. 덮어져 썩지도 못합니다. 손가락 하나만으로도 태양을 얼마든지 가릴 수 있습니다.

안과 밖은 다르지 않다 다를 수 있겠냐.

꿩도 되고 닭도 될 수 있으니

부리도 과감하게 잘라내고, 살충제도 잔뜩 뿌려대고, 꼼짝 못하게 닭장 안에 가두어 알 잘 빼먹고는 삼계탕집으로 시집을 보냅니다. 그야말로 꿩 먹고 알 먹는 것이지요. 별나라에서 별나라 사람들이 지구별로 놀러 온다는 메시지가 왔습니다. 질펀하게 먹으러 갈 것이니 그 때까지 건강하게 잘 있으라네요. 신나는 먹거리는 이제 지구에만 남아 있다는 것입니다. 꿩도 되고 닭도 될 수 있으니 축하합니다.

사무실 문을 나서면 저녁하늘은 늘 기분 좋게 분노한다.

박수 치다 손바닥 터질라

새로운 왕이 탄생하면 박수 치는 사람들이 있습니다. 잘못한다고 시비 거는 사람들도 있습니다. 왕은 해야 하는 일이 있고 가져가야 하는 몫도 있겠지요. 해야 하는 일이 줄어들고 가져가야 하는 몫이 늘어나게 되면 욕을 먹게 됩니다. 일을 잘 하는 것은 당연한 일이고 못 하는 일에 시비를 거는 것도 지극히 정상입니다. 마치 왕이 부모나 된 것처럼 앞뒤 안 가리고 박수를 치게 되면 손바닥 터지겠지요.

35년 전 우리 아이들이 놀던 골목이 아직도 그대로이다.

하늘이 없다는 것을 알아서지요

이 시대에는 죄 없는 자 돌을 던지라 해도 모두 던집니다. 착한 사람이 몇 명이라도 살았던 예수님 시절하고는 영 딴판입니다. 착한 사람이 별로 없는 요즘 사람들은 돌을 던지라기 전에 알아서 돌을 던집니다. 하늘이 없다는 사실을 잘 알고 있는 탓이겠지요.

영화 '1987'의 동아일보 윤상삼 기자가 잠들어 있는 가학동, 그는 우리들의 소중한 벗이었다.

고맙다는 인사도 못해

함석지붕집 똥개를 누가 때려 죽였을까. 우리들이 가장 궁금해 한 문제였습니다. 다리건너집 머슴 성만이었을까요. 그 집에 제일 많이 드나들다보니 똥개에게 혼이 나 간이 제일 많이 쫄아들었지요. 누구는 기동이네 아버지일 것이라고 했습니다. 기동이 누이가 그 집 개에게 물려 혼이 난 적이 있었기 때문입니다. 누구는 옆동네 청년형들을 의심하기도 했습니다. 고맙다는 인사를 하고 싶었지만 끝내 알 수는 없었지요.

끝말

여기에 실린 시 답지 않은 시들은 대부분 페이스북에 올렸던 짧은 글들을 모은 것이다. 이미지 역시 대부분 오래 전 내가 찍어둔 주변의 소소한 사진들이다. 이것들을 통해 척박해진 세상을 지키는 따뜻한 눈들을 읽어내고, 동시에 이그러진 세상에 대한 어쩔 수 없는 분노를 드러내고 싶었다.

2021년 12월 동짓날